HAKUSUISHA

―――― 音声ダウンロード ――――

  付属 CD と同じ内容を、白水社ホームページ（http://www.hakusuisha.co.jp/download/）からダウンロードすることができます。（お問い合わせ先：text@hakusuisha.co.jp）

装丁・本文レイアウト：白畠かおり
CD 吹込：Maria Suzuki
　　　　　Matteo Inzeo

まえがき

　「Allora」はイタリア語で主に「それから」や「それでは」を意味します。しかし話し言葉では「ええと」などのように会話を切り出す際、考えをまとめる時間を稼ぐのによく使われます。つまりコミュニケーションの大切な第一歩なのです。

　本書ははじめてイタリア語を学ぶみなさんのために考えられた教科書で、会話でのコミュニケーション能力に重点を置いています。発想は日常生活におけるシチュエーションから成り、それぞれの場面でのニーズや要望を表現し伝えるためのイタリア語を身につけること、そして最終的には簡単な形であっても、自分の感情や意見を相手に言えるようになることが目的です。それぞれの課ではまずキーフレーズを紹介します。「ためしてみよう」では、その課のテーマにちなんだ単語を自分で推測してみて、イラストとつなげる練習をします。「会話をしてみよう」ではキーフレーズを相手から聞き出すための簡単なモデル会話を紹介し、「話してみよう」でその会話を発展させます。その課のコミュニケーションの内容に必要な文法事項は「じっくり見てみよう」で扱い、「書いてみよう」で必要最低限の練習をします。最後は「確認しよう」でそれまでに学んだ表現を定着させます。なお、本書ではイラストをふんだんに使うことで視覚記憶を刺激し、語彙を楽しく自然に増やしていきます。

　間違うことを恐れず、とりあえずイタリア語の会話に一歩踏み入れることが大切だと信じております。本書がその手助けになって、少しでもイタリア語でのコミュニケーションの楽しさをお伝えできればとても嬉しく思います。

　最後に、本書の実現にあたり貴重なきっかけをくださった白崎容子先生、そして日頃からご指導いただいている上村清雄先生に心から感謝いたします。

2017 年秋　鈴木マリア

Indice

まえがき 3

Unità 01
はじめに：Per cominciare 6
アルファベットと発音、自己紹介、挨拶して名前を尋ねる、
イタリア語での呼び方とつづりを聞く

Unità 02
知り合いになろう：Facciamo conoscenza 10
国籍と出身地を伝える、相手の国籍と出身地を尋ねる、
人を紹介する、相手の調子を尋ねる

Unità 03
バールで一息：Facciamo una pausa al bar 14
バールで注文する、値段を尋ねる／言う、食べ物や飲み物の感想を聞く／言う

Unità 04
自分について話そう①：Parliamo di noi 1 18
職業と年齢について話す／尋ねる

Unità 05
自分について話そう②：Parliamo di noi 2 22
住まい・勉強・仕事について聞く／話す、家族について話す

Unità 06
余暇の過ごし方：Il tempo libero 26
趣味や好きなことについて話す

Unità 07
自分の一週間について話そう：La mia settimana 30
週末の過ごし方について話す、自分の予定について話す

Unità 08
イタリアの街を旅して：In giro per le città dell'Italia 34
道案内をする、交通機関の時刻、店や施設の営業時間を尋ねる

Unità 09
レストランで：Al ristorante 38
レストランで注文する、自分の好みを伝える

Unità 10
わたしのいつもの一日：La mia giornata 42
習慣や自分の一日について話す

Unità 11
ショッピングをしよう：Facciamo shopping 46
ショッピングをする、洋服について話す

Unità 12
誘う：Un invito 50
何かを提案する、誰かを誘う、何かを勧める

Unità 13
先週末のできごと：Il fine settimana 54
過去の出来事について話す

Unità 14
印象やコメントを伝える：Impressioni e commenti 58
自分の印象や感想を伝える

Unità 15
食料品を買おう：Facciamo un po' di spesa 62
食料品を買う、レシピを伝える

単語リスト　66
付　録　70

Unità 01

はじめに：Per cominciare

アルファベットと発音、自己紹介、挨拶して名前を尋ねる、イタリア語での呼び方とつづりを聞く
L'alfabeto e la pronuncia, presentarsi, salutarsi e chiedere il nome, chiedere come si dice qualcosa, fare lo spelling

ためしてみよう 1 / Proviamo

イタリアの都市名を地図に書き込んでみよう
Scrivi i nomi delle città italiane.

- Milano
- Roma
- Firenze
- Venezia
- Napoli

じっくり見てみよう 1 / Osserviamo

アルファベット
L'alfabeto

A a		B b	bi	C c	ci [tʃi]	D d	di
E e		F f	effe	G g	gi	H h	acca
I i		L l	elle	M m	emme	N n	enne
O o		P p	pi	Q q	ku	R r	erre
S s	esse	T t	ti	U u		V v	vu
Z z	zeta						

Lettere straniere

- J j i lunga
- K k kappa
- W w doppia vu
- X x ics
- Y y ipsilon

じっくり見てみよう 2 発音に関して
Osserviamo Appunti sulla pronuncia

● La lettera c
1. c + a, o, u, hi, he [k]

casa chiave

2. c + e, i, ia, io, iu [tʃ]

cena arancia

● La lettera g
1. g + a, o, u, hi, he [g]

gatto margherita

2. g + e, i, ia, io, iu [dʒ]

gelato valigia

3. g + na, ne, ni, no, nu [ɲ]

lasagne bagno

4. g + li [ʎ]

bottiglia portafoglio

● La lettera s
s + ce, ci [ʃ]

sciarpa pesce

会話をしてみよう 1 自己紹介をしてみよう
Comunichiamo Presentiamoci.

Mi chiamo _____ , piacere!

* piacere はじめまして

会話をしてみよう 2
Comunichiamo

挨拶して相手の名前を尋ねてみよう
Salutiamo e chiediamo il nome.

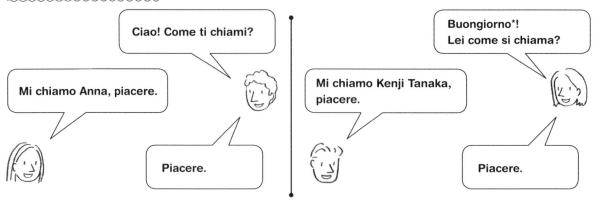

- Ciao! Come ti chiami?
- Mi chiamo Anna, piacere.
- Piacere.
- Mi chiamo Kenji Tanaka, piacere.
- Buongiorno*! Lei come si chiama?
- Piacere.

*Buongiorno は午前中に使い、午後から夕方にかけては Buonasera「こんばんは」で挨拶します。

ためしてみよう 2
Proviamo

以下の単語を当てはまるイラストの下に書いてみよう
Collega i disegni e i nomi.

| ~~lavagna~~ | orologio | portafoglio | zaino | cellulare |
| penna | astuccio | gomma | borsa | quaderno |

ES. lavagna
① 　　　② 　　　③ 　　　④
⑤ 　　　⑥ 　　　⑦ 　　　⑧ 　　　⑨

会話をしてみよう 3
Comunichiamo

イタリア語での呼びかたとつづりを尋ねてみよう
Chiediamo come si dice e come si scrive qualcosa.

- Come si dice 本 in italiano?
- Si dice 'libro'.
- Come si scrive?
- Si scrive L-I-B-R-O.

話してみよう
Parliamo

「ためしてみよう 2」の単語のイタリア語とつづりを確認してみよう
Verifica i nomi degli oggetti e lo spelling.

確認しよう
Fissiamo

> 別れるときにはこんな表現を使ってみましょう
> Arrivederci　さようなら
> Alla settimana prossima!　また来週！

自己紹介してみよう ⇨ **わたしの名前は〜です、はじめまして。**

挨拶をしてみよう ① ⇨ **やあ。**

挨拶をしてみよう ②（敬語で）⇨ **おはようございます。**

名前を聞いてみよう ① ⇨ **名前はなんていうの？**

名前を聞いてみよう ②（敬語で）⇨ **お名前はなんというのですか？**

イタリア語でなんというか聞いてみよう ⇨ **「バッグ」はイタリア語でなんと言いますか？**

イタリア語のつづりを聞いてみよう ⇨ **どう書きますか？**

Unità 02 — 知り合いになろう：Facciamo conoscenza

国籍と出身地を伝える、相手の国籍と出身地を尋ねる、人を紹介する、相手の調子を尋ねる
Dire e chiedere la nazionalità e la provenienza, presentare qualcuno, chiedere come sta una persona

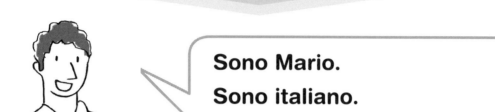

Sono Mario.
Sono italiano.
Sono di Roma.

ためしてみよう 1 / Proviamo

上のモデル文を参考に文を完成させよう
Completa con le nazionalità le presentazioni.

| inglese　　americano/a　　cinese　　francese　　giapponese　　spagnolo/a |

① _____ Jane.
_____ _____.
_____ di Londra.

② _____ Luis.
_____ _____.
_____ di Madrid.

③ _____ Hao.
_____ _____.
_____ di Shanghai.

④ _____ Susan.
_____ _____.
_____ di New York.

⑤ _____ Caroline.
_____ _____.
_____ di Parigi.

⑥ _____ Takeshi.
_____ _____.
_____ di Tokyo.

会話をしてみよう 1 / Comunichiamo

国籍を尋ねてみよう
Chiediamo la nazionalità.

Sei italiana?
— Sì, sono italiana. / No, sono spagnola.

Lei è italiano?
— Sì, sono italiano. / No, sono spagnolo.

会話をしてみよう 2
Comunichiamo

出身地を尋ねてみよう
Chiediamo la provenienza.

*anch'io わたしも（anche［〜も］+ io）

じっくり見てみよう 1
Osserviamo

動詞 essere（〜である）の活用

io わたし	sono	noi わたしたち	siamo
tu きみ	sei	voi きみたち	siete
lui/lei/Lei 彼・彼女・あなた	è	loro 彼ら	sono

会話をしてみよう 3
Comunichiamo

人を紹介しよう
Presentiamo qualcuno.

*questo これ、こちら（女性を紹介する場合は questa）
**il signor ~ ＝○○さん（女性を紹介する場合は la signora ~）

話してみよう
Parliamo

A - 右の文にならって「ためしてみよう1」の人物たちを紹介してみよう
　　Presenta le persone nei disegni.
B - クラスメートとたがいに質問をしてみよう
　　Fai delle domande su di loro.

Questo è Mario.
Lui è italiano, di Roma.

ES —Mario è italiano? —Sì, è italiano. / No, è spagnolo.

会話をしてみよう 4 — Comunichiamo

調子を尋ねてみよう
Chiediamo come sta una persona.

ためしてみよう 2 — Proviamo

調子がいい順に並べかえてみよう
Metti in ordine le espressioni.

☺☺☺	
☺☺	Bene
☺	
😐	
☹☹	
☹☹☹	

Non c'è male
Sto male
Insomma
Benissimo
~~Bene~~
Così così

調子を尋ねた相手が「Insomma」や「Sto male」と答えたら「Mi dispiace」(「それは残念」「お気の毒に」) と一言言ってあげましょう。

じっくり見てみよう 2 — Osserviamo

0〜10 までの数字
I numeri da 0 a 10

0 zero　　1 uno　　2 due　　3 tre　　4 quattro　　5 cinque
6 sei　　7 sette　　8 otto　　9 nove　　10 dieci

確認しよう
Fissiamo

自分の国籍と出身地を言ってみよう ⇨ **わたしは日本人で、東京出身です。**

_____

国籍を聞いてみよう①（女性に）⇨ **きみはイタリア人？**

_____ ?

国籍を聞いてみよう②（男性に敬語で）⇨ **あなたはイタリア人ですか？**

_____ ?

出身地を聞いてみよう① ⇨ **きみはどこの出身ですか？**

_____ ?

出身地を聞いてみよう②（敬語で）⇨ **あなたはどちらの出身ですか？**

_____ ?

人を紹介しよう ⇨ **彼はマリオです。**

_____

調子を聞いてみよう ⇨ **やあ、元気？**

_____ ?

Unità 03 バールで一息：Facciamo una pausa al bar

バールで注文する、値段を尋ねる／言う、食べ物や飲み物の感想を聞く／言う
Ordinare al bar, chiedere e dire prezzi, commentare cibi e bevande

Un cappuccino e un cornetto, per favore.

* e そして　** per favore お願いします

ためしてみよう 1 / Proviamo

以下の食べ物や飲み物の名前を当てはまるイラストの下に書いてみよう
Collega i disegni e i nomi dei cibi e delle bevande.

un panino - un tramezzino - una birra - un caffè - un cappuccino - uno spumante - un cornetto - una spremuta - un tè - una pasta

① 　② 　③ 　④ 　⑤

⑥ 　⑦ 　⑧ 　⑨ 　⑩

じっくり見てみよう 1 / Osserviamo

不定冠詞

un　男性名詞の前	una　女性名詞の前	uno　z、s＋子音で始まる男性名詞の前	un'　母音で始まる女性名詞の前
un libro un bicchiere	una borsa una chiave	uno zaino uno studente	un'amica

会話をしてみよう 1　Comunichiamo

バールで注文してみよう
Ordiniamo al bar.

* vorrei 欲しいのですけど、〜をください

じっくり見てみよう 2　Osserviamo

定冠詞

il　男性名詞の前	la　女性名詞の前	lo　z、s+子音で始まる男性名詞の前	l'　母音で始まる名詞の前
il libro	la borsa	lo zaino	l'aperitivo
il bicchiere	la chiave	lo studente	l'oliva

ためしてみよう 2　Proviamo

以下の文字を使い、11〜20 をあらわすイタリア語を完成させよう
Completa i numeri da 11 a 20.

do　　quin　　otto　　tre　　~~un~~　　se　　quattor　　assette　　annove

11 <u>un</u>dici　　12 ___dici　　13 ___dici　　14 ___dici　　15 ___dici　　16 ___dici

17 dici___　　18 dici___　　19 dici___　　20 venti

会話をしてみよう 2　Comunichiamo

合計の値段を尋ねてみよう／言ってみよう、値段表を見ながらいろいろ注文してみよう
Chiediamo e diciamo il prezzo. / Guarda il listino prezzi e ordina.

LISTINO	PREZZI		
caffè	1 €*	cornetto	2 €
cappuccino	1 €	pasta	2 €
spremuta	3 €	tramezzino	3 €
birra	2 €	panino	5 €

*1 € = un euro

話してみよう / Parliamo

クラスメートとチームを組んで以下のような会話をしてみよう
A piccoli gruppi fate un dialogo al bar.

バールでスタッフの注意を引くには Scusi!「すみません！」（< scusare 許す）を使いましょう。

- Una birra, per favore.
- Anche per me* una birra.
- Per me, invece**, uno spumante.
- Allora***, due birre e uno spumante.

*per me わたしには　**invece 〜とは違って　***allora では

じっくり見てみよう 3 / Osserviamo

名詞の複数形

語尾が -o と -e > -i	語尾が -a > -e	語尾にアクセントがある
un panino > due panin**i** un bicchiere > due bicchier**i** una chiave > due chiav**i**	una birra > due birr**e** una pizza > due pizz**e**	un caffè > due caffè una città > due città

会話をしてみよう 3 / Comunichiamo

食べ物や飲み物について感想を聞いてみよう／言ってみよう
Commentiamo cibi e bevande.

- Com'è il **vino**?
- È buon**o**.
- Com'è **la pasta**?
- È (molto) buon**a**.

書いてみよう / Scriviamo

質問に答えてみよう
Rispondi alle domande.

① **Com'è la birra?** — _____　② **Com'è lo spumante?** — _____

③ **Com'è il panino?** — _____　④ **Com'è la spremuta?** — _____

確認しよう
Fissiamo

バールで注文してみよう ① ⇨ **コーヒーを一杯お願いします。**

バールで注文してみよう ② ⇨ **生搾りオレンジジュースを一つください。**

バールで注文してみよう ③ ⇨ **わたしにはビールを一杯。**

食べ物と飲み物を注文してみよう ⇨ **クロワッサンとカップッチーノをお願いします。**

値段を聞いてみよう ⇨ **いくらですか？**

食べ物や飲み物についての感想を聞いてみよう ⇨ **サンドイッチはどう？**

それにこたえてみよう ⇨ **おいしいです。**

Unità 04 自分について話そう①：Parliamo di noi 1

職業と年齢について話す／尋ねる
Dire e chiedere la professione e l'età

Sono studente.

Sono studentessa.

ためしてみよう 1　Proviamo

職業名を加えて文を完成させよう
Completa con la professione.

| impiegato/impiegata | ~~insegnante~~ | commesso/commessa |
| medico | cuoco/cuoca | dentista |

ES
Sono insegnante.

①
_____ _____

②
_____ _____

③
_____ _____

④
_____ _____

⑤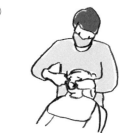
_____ _____

会話をしてみよう 1
Comunichiamo

職業を尋ねてみよう
Chiediamo la professione.

- Che cosa fai? / Che lavoro fai?
- Sono studentessa.
- Che cosa fa? / Che lavoro fa?
- Sono insegnante. / Faccio l'insegnante.

じっくり見てみよう 1
Osserviamo

動詞 fare（〜をする）の活用

io	faccio	noi	facciamo
tu	fai	voi	fate
lui/lei/Lei	fa	loro	fanno

会話をしてみよう 2
Comunichiamo

年齢を尋ねてみよう
Chiediamo l'età.

- Quanti anni hai?
- Ho 19 (diciannove) anni.
- Quanti anni ha?
- Ho 26 (ventisei) anni.

書いてみよう
Scriviamo

数詞をあらわすイタリア語で、空欄をうめてみよう
Scrivi i numeri mancanti.

21 ventuno　　22 ventidue　　23 ventitré　　24 _____　　25 venticinque　　26 _____
27 _____　　28 ventotto　　29 _____　　30 trenta　　31 trentuno　　32 _____
33 _____　　38 _____　　40 quaranta　　45 _____　　50 cinquanta　　54 _____
60 sessanta　　68 _____　　70 settanta　　71 _____　　80 ottanta　　82 _____
90 novanta　　97 _____　　100 cento

じっくり見てみよう 2
Osserviamo

動詞 avere（〜を持っている）の活用

io	ho	noi	abbiamo
tu	hai	voi	avete
lui/lei/Lei	ha	loro	hanno

話してみよう 1
Parliamo

例にならってイラストの人物たちを紹介してみよう
Presenta le persone nei disegni.

Nome: Saverio
Professione: cuoco
Età: 28 anni

> Questo è Saverio.
> Lui è cuoco/ fa il cuoco.
> Ha ventotto anni.

①
Nome: Giovanna
Professione: impiegata
Età: 29 anni

②
Nome: Roberto
Professione: commesso
Età: 35 anni

③
Nome: Angela
Professione: dentista
Età: 41 anni

Questa è Giovanna.
Lei _____
_____

_____
_____
_____

_____
_____
_____

ためしてみよう 2
Proviamo

感情や状態をイタリア語にしてみよう
Completa.

---
essere stanco/stanca - avere sonno - essere contento/contenta -
~~avere fame~~ - essere arrabbiato/arrabbiata - avere sete

ES
Ho _fame_ .

①
Sono _____

②
Ho _____

③
Sono _____

④
Ho _____

⑤
Sono _____

話してみよう 2
Parliamo

質問してみよう
Fai delle domande.

ES —Hai fame? —Sì, ho fame. / No, non ho fame.
　—Sei stanco/stanca? —Sì, sono stanco/a. / No, non sono stanco/a.

確認しよう
Fissiamo

> signore/signora の他に、職業などに合わせて肩書があります。
> 先生（医者・広く大卒）dottore/ dottoressa
> 先生（教師）professore/ professoressa
> 例 dottor Rossi ロッシ先生
> professoressa Bianchi ビアンキ先生

自分の職業を言ってみよう① ⇨ **わたしは学生です。**

_____

自分の職業を言ってみよう② ⇨ **わたしは教師です。**

_____

職業を尋ねてみよう① ⇨ **何の仕事をしてるの？**

_____ ?

職業を尋ねてみよう②（敬語で）⇨ **何のお仕事をなさっているのですか？**

_____ ?

自分の年齢を言ってみよう ⇨ **19歳です。**

_____

年齢を尋ねてみよう ⇨ **きみはいくつなの？**

_____ ?

空腹かどうか尋ねてみよう ⇨ **お腹空いている？**

_____ ?

Unità 05 自分について話そう② : Parliamo di noi 2

住まい・勉強・仕事について聞く／話す、家族について話す
Chiedere e dare informazioni sulla residenza, sugli studi e sul lavoro, parlare della famiglia

会話をしてみよう 1
Comunichiamo

住まいについて聞いてみよう／話してみよう
Chiediamo e diamo informazioni sulla residenza.

じっくり見てみよう 1
Osserviamo

are 動詞・abitare（住む）の活用

io	abit**o**	noi	abit**iamo**
tu	abit**i**	voi	abit**ate**
lui/lei/Lei	abit**a**	loro	abit**ano**

会話をしてみよう 2
Comunichiamo

勉強や仕事について聞いてみよう／話してみよう
Chiediamo e diamo informazioni sugli studi e sul lavoro.

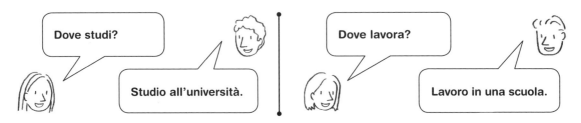

じっくり見てみよう 2
Osserviamo

動詞 studiare（勉強する）の活用

io	studio	noi	studiamo
tu	studii	voi	studiate
lui/lei/Lei	studia	loro	studiano

話してみよう 1
Parliamo

例を参考にして、イラストの人物になって自己紹介をしてみよう
Fai una presentazione in prima persona delle persone nei disegni.

Nome: Graziella
Residenza: Bologna
Posto di lavoro : ristorante

Ciao, sono Graziella.
Abito a Bologna.
Lavoro in un ristorante.

①

Nome: Lucia
Residenza: Torino
Posto di lavoro: scuola

②

Nome: Marina
Residenza: Firenze
Posto di lavoro: negozio

③

Nome: Paolo
Residenza: Milano
Posto di lavoro : banca

話してみよう 2
Parliamo

例にならって自分の家族構成を言ってみよう
Parla della tua famiglia con un compagno.

Quanti siete in famiglia?

Siamo in quattro: mio padre, mia madre, mia sorella* e io.

Quanti siete in famiglia?

Siamo in tre: mio marito**, mio figlio e io.

*sorella 姉妹　(fratello 兄弟)　**marito 夫　(moglie 妻)

じっくり見てみよう 3
Osserviamo

所有形容詞

わたしの～	きみの～	あなたの～	彼の・彼女の～
mio padre	**tuo** padre	**Suo** padre	**suo** padre
un **mio** amico	un **tuo** amico	un **Suo** amico	un **suo** amico
il **mio** libro	il **tuo** libro	il **Suo** libro	il **suo** libro
mia sorella	**tua** sorella	**Sua** sorella	**sua** sorella
una **mia** amica	una **tua** amica	una **Sua** amica	una **sua** amica
la **mia** borsa	la **tua** borsa	la **Sua** borsa	la **sua** borsa

家族のメンバーを指す名詞の単数形の場合は「所有形容詞＋名詞」。
その他の場合は「冠詞＋所有形容詞＋名詞」。

ためしてみよう
Proviamo

以下の活動を表す動詞を1人称に活用して文にし、当てはまる
イラストの下に書いてみよう
Scrivi sotto i disegni l'espressione giusta come nell'esempio.

```
guidare la macchina  -  cucinare  -  cantare al karaoke  -
    stirare  -  fare la spesa  -  suonare il pianoforte
```

ES
stiro

①
_____

②
_____

③
_____

④
_____

⑤
_____

会話をしてみよう 3
Comunichiamo

例にならって「ためしてみよう」の表現を使って会話をしてみよう
Intervista un compagno.

確認しよう
Fissiamo

自分の住んでいる場所を言ってみよう ⇨ **わたしは東京に住んでいます。**

> _____

住んでいる場所を聞いてみよう① ⇨ **きみはどこに住んでいるの？**

> _____ ?

住んでいる場所を聞いてみよう②（敬語で）⇨ **あなたはどちらにお住まいですか？**

> _____ ?

自分の勉強している場所を言ってみよう ⇨ **わたしは大学で勉強しています。**

> _____

勉強している場所を聞いてみよう ⇨ **きみはどこで勉強しているの？**

> _____ ?

職場について聞いてみよう（敬語で）⇨ **あなたはどちらでお仕事をされていますか？**

> _____ ?

家族構成を聞いてみよう ⇨ **何人家族ですか？**

> _____ ?

Unità 06 — 余暇の過ごし方：Il tempo libero

趣味や好きなことについて話す
Parlare di hobby, gusti e passioni

Nel tempo libero cucino o faccio yoga.

ためしてみよう / Proviamo

例にならって、以下の行動を表す表現から動詞を1人称に活用し、当てはまるイラストの下に書いてみよう
Scrivi sotto i disegni l'espressione giusta come nell'esempio.

> ~~vedere gli amici~~ - guardare la TV - leggere - fare sport - fare spese - ascoltare musica

ES
vedo gli amici

①
_____

②
_____

③
_____

④
_____

⑤
_____

じっくり見てみよう1 / Osserviamo

ere動詞・vedere（見る、会う）の活用

io	ved**o**	noi	ved**iamo**
tu	ved**i**	voi	ved**ete**
lui/lei/Lei	ved**e**	loro	ved**ono**

会話をしてみよう 1
Comunichiamo

余暇の過ごし方について話してみよう
Parliamo del tempo libero.

- Che cosa fai nel tempo libero?
- Ascolto musica o faccio sport.
- Che cosa fa nel tempo libero?
- Leggo o guardo la TV.

書いてみよう 1
Scriviamo

下欄の左側に書かれた行動を自分はどの程度の頻度で行うか、例の表現を用いて下欄の右側に文を書いてみよう
Scrivi con che frequenza fai queste attività.

leggo **spesso**   leggo **qualche volta**   **non** leggo **mai**

fare sport	Non faccio mai sport.
guardare la TV	
cucinare	
vedere gli amici	
ascoltare musica	
leggere	

話してみよう 1
Parliamo

自分の答えをクラスメートと比較しよう
Intervista un compagno e confronta le vostre risposte.

ES **Fai spesso sport?**

会話をしてみよう 2
Comunichiamo

大好きなことについて話してみよう
Parliamo di gusti e passioni.

- Ti piace la pizza?
- Sì, mi piace (molto). / No, non mi piace.
- Le piacciono i funghi?
- Sì, mi piacciono (molto). / No, non mi piacciono.

書いてみよう 2
Scriviamo

Mi piace または Mi piacciono で空欄を埋めよう
Scrivi MI PIACE o MI PIACCIONO.

Mi piace **il calcio.**

①
_____ **le olive.**

②
_____ **fare spese.**

③
_____ **gli spaghetti.**

④
_____ **i gatti.**

⑤
_____ **la moda italiana.**

> Mi piace の場合、聞き返す時は e tu? ではなく
> e a te? を使います。
> —Mi piace la pizza e a te? —Anche a me.

じっくり見てみよう 2
Osserviamo

定冠詞の複数形

il > i	la > le	lo > gli
il libr**o** > **i** libr**i**	la penn**a** > **le** penn**e**	lo zain**o** > **gli** zain**i**
il can**e** > **i** can**i**	l'oliv**a** > **le** oliv**e**	lo student**e** > **gli** student**i**
	la stazion**e** > **le** stazion**i**	l'amic**o** > **gli** amic**i**

話してみよう 2
Parliamo

例を参考にして、イラストの人物になって自己紹介をしてみよう
Fai una presentazione in prima persona delle persone nei disegni.

Hobby: guardare la TV
Passioni: il calcio

> Nel tempo libero guardo spesso
> la TV e mi piace il calcio.

①
Hobby: fare spese
Passioni: la moda italiana

②
Hobby: cucinare
Passioni: le lasagne

③
Hobby: ascoltare musica
Passioni: il jazz

確認しよう
Fissiamo

自分の余暇の過ごし方について話してみよう ⇨ **わたしは余暇に音楽を聴いたり読書をしたりしています。**

余暇の過ごし方について聞いてみよう① ⇨ **余暇には何をするの？**

余暇の過ごし方について聞いてみよう②（敬語で）⇨ **余暇には何をなさいますか？**

どのくらいの頻度で行うのか話してみよう ⇨ **わたしはよくテレビを見ます。**

自分が好きなものを伝えてみよう ⇨ **わたしはキノコが好きです。**

自分が嫌いなもの、苦手なものを伝えてみよう ⇨ **わたしはサッカーが好きではありません。**

好きか嫌いかを聞いてみよう ⇨ **ピザは好き？**

Unità 07 自分の一週間について話そう：La mia settimana

週末の過ごし方について話す、自分の予定について話す
Dire e chiedere come si passa il fine settimana, parlare dei propri impegni

Il sabato lavoro.
La domenica, invece,
faccio spese o vado al cinema.

じっくり見てみよう 1
Osserviamo

動詞 andare（〜へ行く）の活用

io	**vado**	noi	**andiamo**
tu	**vai**	voi	**andate**
lui/lei/Lei	**va**	loro	**vanno**

ためしてみよう 1
Proviamo

下の場所を表に書き込んでみよう
Completa la tabella con posti.

casa

mare

biblioteca

teatro

stadio

palestra

~~montagna~~

parco

a	in	al (a+il)	alla/all' (a+la)	allo/all' (a+lo)
Roma mangiare*	Italia *montagna*	cinema ristorante	stazione** università	___
___	___	___	___	

*mangiare 食べる　**stazione 駅

会話をしてみよう 1 — Comunichiamo

週末の過ごし方について話そう
Parliamo del fine settimana.

- Come passi* il fine settimana?
- Il sabato vedo gli amici, andiamo spesso al ristorante. La domenica vado in palestra.

- Come passa il fine settimana?
- Il sabato vado al cinema o a teatro. La domenica, mi piace cucinare.

*passare 過ごす

ためしてみよう 2 — Proviamo

動詞を1人称に活用して当てはまるイラストの下に書いてみよう
Scrivi sotto i disegni l'espressione giusta come nell'esempio.

---

andare a bere con gli amici - visitare un museo - fare una passeggiata - navigare su internet - ~~mettere in ordine~~ - giocare a tennis

---

ES

Metto in ordine

①

_____

②

_____

③

_____

④

_____

⑤

_____

会話をしてみよう 2
Comunichiamo

予定について話そう
Parliamo dei nostri impegni.

- Che cosa fai sabato?
- Sabato forse* vado al cinema. E tu?
- Sabato devo andare in palestra.

- Che cosa fa domenica?
- Devo lavorare. E Lei?
- Gioco a tennis con un amico.

*forse 多分、もしかしたら

じっくり見てみよう 2
Osserviamo

動詞 dovere（〜しなくてはいけない、予定が入っている）の活用

io	**devo**	noi	**dobbiamo**
tu	**devi**	voi	**dovete**
lui/lei/Lei	**deve**	loro	**devono**

書いてみよう
Scriviamo

下のスケジュール表に自分の予定を書き込んでみよう
Scrivi i tuoi impegni nell'agenda.

lunedì	martedì	mercoledì	giovedì	venerdì	sabato	domenica
___	_palestra_	___	___	___	___	___
___	___	___	___	___	___	___
___	___	___	___	___	___	___

il martedì 毎週火曜日　　martedì 今度の火曜日
la domenica 毎週日曜日　　domenica 今度の日曜日

話してみよう
Parliamo

上のスケジュール表に沿って会話してみよう
Parla dei tuoi impegni con un compagno.

ES **Che cosa fai martedì?** —Vado in palestra. / Devo andare in palestra.

確認しよう
Fissiamo

普段の週末の過ごし方について話してみよう ⇨ **毎週土曜日は友達とレストランに行きます。**

_____

普段の週末の過ごし方について尋ねてみよう① ⇨ **週末はどう過ごしてるの？**

_____ ?

普段の週末の過ごし方について尋ねてみよう②（敬語で） ⇨ **毎週日曜は何をしていますか？**

_____ ?

自分の予定を伝えてみよう① ⇨ **今度の土曜日は映画館に行きます。**

_____

自分の予定を伝えてみよう②（まだ決まっていない場合） ⇨ **今度の火曜はもしかしたらジムに行きます。**

_____

自分の予定を伝えてみよう③（予定が入っている場合） ⇨ **今度の日曜は山に行く事になっています。**

_____

予定を尋ねてみよう ⇨ **今度の水曜は何をするの？**

_____ ?

Unità 08 イタリアの街を旅して：In giro per le città dell'Italia

道案内をする、交通機関の時刻、店や施設の営業時間を尋ねる
Chiedere e dare indicazioni stradali, informazioni sugli orari dei mezzi di trasporto, sull'apertura e chiusura di negozi e locali

Scusi, per il Colosseo?

* scusi <scusare すみません（敬語の命令形）

ためしてみよう
Proviamo

以下の表現を当てはまるイラストの下に書いてみよう
Scrivi sotto i disegni l'espressione giusta.

---
girare a destra - semaforo - ~~girare a sinistra~~ - andare dritto - attraversare - incrocio
---

　　①　　②

girare a sinistra　　_____　　_____

③　　④　　⑤

　　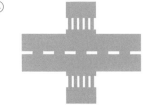　　

_____　　_____　　_____

会話をしてみよう 1
Comunichiamo

道を尋ねてみよう／案内をしてみよう
Chiediamo e diamo indicazioni stradali.

- Scusa, per la stazione / dov'è la stazione?
- Dunque*, vai dritto e all'incrocio devi girare a sinistra.
- Grazie!

- Scusi, per la stazione / dov'è la stazione?
- Dunque, va dritto e all'incrocio deve girare a sinistra.
- Grazie!

*dunque ええと

会話をしてみよう 2
Comunichiamo

道を尋ねてみよう／案内をしてみよう
Chiediamo e diamo indicazioni stradali.

- Scusa, c'è un bancomat qui* vicino** ?
- Sì, è davanti*** alla stazione.

- Scusi, c'è una farmacia qui vicino?
- Sì, al semaforo deve girare a destra.

*qui ここ　**vicino 近く　***davanti a ～の前

話してみよう 1
Parliamo

下の地図を使って la stazione ①、il museo ②、un supermercato ③ への行き方を説明してみよう
Spiega come arrivare a ①, ② e ③.

★ = punto di partenza　スタート地点

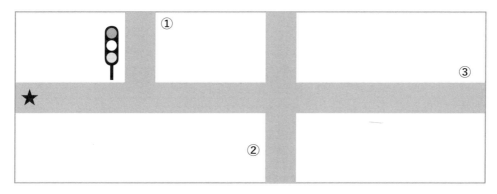

会話をしてみよう 3 — Comunichiamo

交通機関の時刻を尋ねてみよう
Chiediamo gli orari dei mezzi.

A che ora parte il prossimo* treno per Napoli?

Alle 10 e 20 (dieci e venti).

*prossimo 次の

じっくり見てみよう — Osserviamo

ire 動詞① ・ partire（出発する）の活用

io	part**o**	noi	part**iamo**
tu	part**i**	voi	part**ite**
lui/lei/Lei	part**e**	loro	part**ono**

書いてみよう — Scriviamo

時刻を書いてみよう
Completa con gli orari.

「何時ですか」は Che ore sono?
— Sono le nove. 9時です。
— Sono le dieci e mezzo/a. 10時半です。
— È l'una. 1時です。

08:05 — Alle otto e cinque.

09:15 — ① _____ / Alle nove e un quarto.*

11:30 — Alle undici e trenta. / Alle undici e mezzo/a.*

12:00 — Alle dodici. / A mezzogiorno.*

13:35 — Alle tredici e trentacinque. / All'una e trentacinque.

17:30 — Alle diciassette e trenta. / ② _____

19:40 — ③ _____ / Alle otto meno venti.

21:45 — ④ _____ / Alle dieci meno un quarto.*

00:00 — Alle ventiquattro. / A mezzanotte.*

* 日常会話で使う時刻の表現

話してみよう 2 — Parliamo

1、2、3をふさわしい組み合わせでつなげて質問しよう
Collega e forma delle domande.

1	2	3
A che ora	partire　arrivare（到着する） chiudere（閉まる）　aprire（開く）	l'autobus（バス）　il museo　l'aereo（飛行機） la banca（銀行）　la farmacia（薬局）

ES A che ora apre il museo?

確認しよう
Fissiamo

トレヴィの泉 la Fontana di Trevi

道を尋ねてみよう ① ⇨ **すみません、コロッセオへはどう行けばいいの？**

_____ ?

道を尋ねてみよう ②（敬語で）⇨ **すみません、トレヴィの泉へはどう行けばいいんですか？**

_____ ?

道を教えてみよう ① ⇨ **まっすぐ行って、交差点で右に曲がらないといけない。**

_____

道を教えてみよう ②（敬語で）⇨ **左に曲がって、まっすぐ行かないといけません。**

_____

電車の出発時間を尋ねてみよう（敬語で）⇨ **すみません、ローマへの次の電車は何時に出発しますか？**

_____ ?

開店時間を尋ねてみよう（敬語で）⇨ **すみません、薬局は何時に開きますか？**

_____ ?

閉まる時間を尋ねてみよう（敬語で）⇨ **すみません、美術館は何時に閉館しますか？**

_____ ?

レストランで：Al ristorante

レストランで注文する、自分の好みを伝える
Ordinare al ristorante, esprimere preferenze

Di primo prendo spaghetti alla carbonara.

*prendo < prendere 頼む

ためしてみよう / Proviamo

以下の料理名を当てはまるイラストの下に書いてみよう
Scrivi i nomi dei piatti sotto i disegni.

> insalata mista - affettati misti - ~~salmone al cartoccio~~ -
> ravioli al pomodoro - cotoletta alla milanese - risotto ai funghi porcini

ES

salmone al cartoccio

①

_____

②

_____

③

_____

④

_____

⑤

_____

書いてみよう / Scriviamo

以下の料理名をメニューに書き込んでみよう
Completa il menù.

> bistecca alla fiorentina - ~~spaghetti alla carbonara~~ - tiramisù - linguine alle vongole - bruschette - patate al forno - gelato - fritto misto di pesce - lasagne

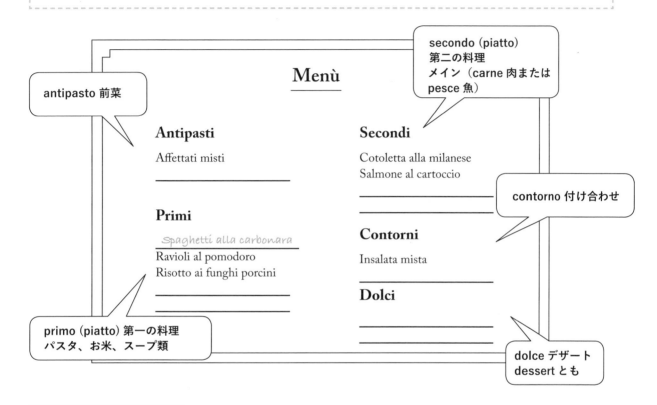

会話をしてみよう 1 / Comunichiamo

注文を相談しよう／注文してみよう
Discutiamo su cosa ordinare. / Ordiniamo al ristorante.

話してみよう 1
Parliamo

「書いてみよう」のメニューを参考に、ウエイターの注文票をもとに会話をしてみよう
Guarda le ordinazioni che ha preso il cameriere e fai dei dialoghi.

ES —Buonasera, che cosa prende di antipasto?
　　—No, prendo un primo. Vorrei spaghetti alla carbonara.
　　....

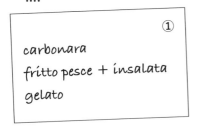

会話をしてみよう 2
Comunichiamo

好みについて話そう
Esprimiamo preferenze.

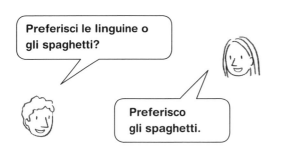

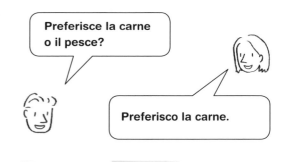

> 飲み物は da bere と言います。
> 例 Da bere vorrei una bottiglia di acqua minerale.
> 締めには caffè エスプレッソを飲むのが一般的です。
> お会計を頼むには Il conto, per favore.

じっくり見てみよう
Osserviamo

ire 動詞②・preferire（〜より好む）の活用

io	prefer**isco**	noi	prefer**iamo**
tu	prefer**isci**	voi	prefer**ite**
lui/lei/Lei	prefer**isce**	loro	prefer**iscono**

話してみよう 2
Parliamo

「書いてみよう」のメニューを見て食べ物の好みを比べてみよう
Guarda il menù e fai delle domande.

ES Preferisci i ravioli al pomodoro o le lasagne?

確認しよう
Fissiamo

前菜を注文してみよう ⇨ **前菜はサラミ類の盛り合わせにします。**

注文を相談してみよう ⇨ **プリモは何にする？**

プリモ（一皿め）を注文してみよう ⇨ **プリモはラザニヤにします。**

好みについて尋ねてみよう① ⇨ **肉と魚はどっちがいい？**

好みについて尋ねてみよう②（敬語で）⇨ **スパゲッティとリングイネはどちらがいいですか？**

メインを注文してみよう ⇨ **メインはミラノ風カツレツをお願いします。**

デザートを注文してみよう ⇨ **デザートはティラミスにします。**

Unità 10 わたしのいつもの一日：La mia giornata

習慣や自分の一日について話す
Descrivere la propria giornata tipo

La mattina mi alzo alle sette.
Vado all'università e studio fino alle sei.
La sera leggo o guardo la TV.

* la mattina 朝は
** fino alle ～時まで
*** la sera 夕方は

ためしてみよう / Proviamo

動詞を1人称に活用して当てはまるイラストの下に書いてみよう
Scrivi sotto i disegni l'espressione giusta come nell'esempio.

---

fare colazione - andare a dormire - lavarsi - ~~alzarsi~~ -
cenare - riposarsi - tornare a casa - pranzare alla mensa

Mi alzo

じっくり見てみよう 1 / Osserviamo

動詞 alzarsi（起きる）の活用

io	mi alzo	noi	ci alziamo
tu	ti alzi	voi	vi alzate
lui/lei/Lei	si alza	loro	si alzano

会話をしてみよう 1 / Comunichiamo

朝の過ごし方について話そう
Parliamo di come passiamo la mattinata.

- La mattina a che ora ti alzi?
- Di solito* mi alzo alle sei.
- E poi** che cosa fai?
- Prendo un caffè e poi navigo su internet.

- La mattina a che ora si alza?
- Di solito mi alzo alle cinque e mezzo.
- E poi che cosa fa?
- Faccio jogging e poi faccio colazione al bar.

* di solito 普段は　　** poi そして

会話をしてみよう 2 / Comunichiamo

夕方の過ごし方について話そう
Parliamo di come passiamo la serata.

- La sera di solito esci o stai a casa?
- Di solito esco. Per esempio* vado a bere con le amiche** o vado al cinema.

- La sera di solito esce o sta a casa?
- Di solito sto a casa ma*** qualche volta vado al ristorante con gli amici.

* per esempio 例えば　　** amiche 女友達（複）　　*** ma しかし

じっくり見てみよう 2
Osserviamo

動詞 uscire（出かける、遊びに行く）の活用

io	**esco**	noi	**usciamo**
tu	**esci**	voi	**uscite**
lui/lei/Lei	**esce**	loro	**escono**

動詞 stare（いる、留まる）の活用

io	**sto**	noi	**stiamo**
tu	**stai**	voi	**state**
lui/lei/Lei	**sta**	loro	**stanno**

書いてみよう
Scriviamo

イラストとその下のフレーズを組み合わせてみよう
Collega le frasi ai disegni.

La giornata di Chiara キアラの一日

	Finisco di lavorare alle sette.
	Pranzo alla mensa e poi prendo un caffè con una collega.
①	Mi alzo alle sei e mezzo e preparo la colazione.
	Vado a dormire alle undici.
	Mi lavo i denti.
	Guardo la TV mentre* faccio colazione.
	Dopo il lavoro vado a bere con le amiche.
	Vado in ufficio e lavoro fino all'una.

*mentre 〜している間

話してみよう
Parliamo

自分の一日について話してみよう
Racconta la tua giornata.

ES **La mattina di solito mi alzo alle....**

確認しよう
Fissiamo

起きる時間を尋ねてみよう ⇨ **朝は何時に起きるの？**

> _____ ?

自分が起きる時間を言ってみよう ⇨ **わたしは普段6時に起きます。**

> _____

自分の朝の過ごし方について話してみよう ⇨ **朝は朝食を取ってそのあと大学に行きます。**

> _____

夕方の過ごし方について尋ねてみよう① ⇨ **あなたは夕方は普段出かけますか、それとも家にいますか？**

> _____ ?

夕方の過ごし方について尋ねてみよう②（敬語で）⇨ **あなたは夕方は普段出かけますか、それとも家にいますか？**

> _____ ?

自分の夕方の過ごし方について話してみよう ⇨ **わたしは普段家にいます。例えばテレビを見たり、ネットサーフィンしたりします。**

> _____

自分の普段寝る時間を言ってみよう ⇨ **わたしは普段12時に寝ます。**

> _____

Unità 11 ショッピングをしよう：Facciamo shopping

ショッピングをする、洋服について話す
Fare acquisti, parlare di abbigliamento

Posso vedere quella giacca in vetrina?

*posso 〜していいですか？　　**vetrina ショーウインドー

ためしてみよう 1
Proviamo

以下の単語とイラストを組み合わせてみよう
Collega i disegni e i nomi.

---
maglione - scarpe - camicia - gonna - ~~giacca~~ - cappotto - vestito - maglietta - stivali - pantaloni

---

ES ① ② ③ ④

giacca

⑤ ⑥ ⑦ ⑧ ⑨

じっくり見てみよう 1
Osserviamo

形容詞 quello（あの〜、その〜）の変化

男性名詞の前	z、s+子音、母音で始まる男性名詞の前	女性名詞の前
quel libro	**quello** zaino, **quell'**orologio	**quella** borsa
quei pantaloni	**quegli** stivali	**quelle** scarpe

会話をしてみよう 1
Comunichiamo

服を見せてもらおう
Chiediamo di vedere qualcosa.

*provare 試着する、試す

じっくり見てみよう 2
Osserviamo

直接補語代名詞

	男性形	女性形
単数形	—Leggi il libro? —Sì, **lo** leggo.	—Mangi la pizza? —Sì, **la** mangio.
複数形	—Fai i compiti? —Sì, **li** faccio.	—Ascolti le canzoni? —Sì, **le** ascolto.

会話をしてみよう 2
Comunichiamo

買うか買わないかを伝えよう
Diciamo se acquistiamo o meno.

ためしてみよう 2 — Proviamo

以下の模様とイラストを組み合わせてみよう
Collega i disegni.

---
a righe - a fiori - a quadri - ~~a pois~~

ES un vestito _a pois_   ① una camicia _____   ② una gonna _____   ③ una maglietta _____

話してみよう — Parliamo

洋服店での会話をしてみよう
Fai un piccolo dialogo.

ES **Buongiorno. Posso vedere quella camicia a righe?**

> 洋服のサイズは misura か taglia、靴のサイズは numero です。試着したけれど買わない場合は ci penso（考えておきます＝それについて考えます＜動詞 pensare）を使うと便利です。

じっくり見てみよう 3 — Osserviamo

形容詞の変化

	-o で終わる形容詞	-e で終わる形容詞
単数形（男）	Il vestito è bell**o**.	Il vestito è elegant**e**.
単数形（女）	La giacca è bell**a**.	La giacca è elegant**e**.
複数形（男）	I pantaloni sono bell**i**.	I pantaloni sono elegant**i**.
複数形（女）	Le scarpe sono bell**e**.	Le scarpe sono elegant**i**.

書いてみよう — Scriviamo

以下の形容詞を使って、例にならってフレーズを書いてみよう
Usa gli aggettivi qui sotto e scrivi le frasi come nell'esempio.

~~stretto~~ / largo - sportivo / elegante - lungo / corto

ES
la maglietta è stretta

①   _____

②   _____

③   _____

④   _____

⑤   _____

確認しよう
Fissiamo

服を見せてもらおう ⇨ **ショーウインドーのあのTシャツを見てもいいですか？**

_____?

靴を見せてもらおう ⇨ **ショーウインドーのあの靴を見てもいいですか？**

_____?

試着してもいいか尋ねてみよう ① (giacca) ⇨ **それを試着してもいいですか？**

_____?

試着してもいいか尋ねてみよう ② (pantaloni) ⇨ **それを試着してもいいですか？**

_____?

買うと伝えてみよう ① (vestito) ⇨ **気に入りました。買います。**

_____

買うと伝えてみよう ② (scarpe) ⇨ **気に入りました。買います。**

_____

買わないと伝えてみよう (vestito) ⇨ **あまり気に入りません。買いません。**

_____

誘う：Un invito

何かを提案する、誰かを誘う、何かを勧める
Fare una proposta, invitare, offrire qualcosa

Domani sera c'è una festa, ci andiamo?

*ci そこへ

ためしてみよう 1
Proviamo

c'è 又は ci sono を使って以下のイベントを提案しよう
Proponi una di queste cose usando c'è o ci sono.

ES **Domenica ci sono i fuochi d'artificio, ci andiamo?**

ES domenica / i fuochi d'artificio

①
la settimana prossima / una mostra

②
venerdì / i saldi

③
sabato / un concerto

④
domenica / un picnic

⑤
domani / una partita

会話をしてみよう 1
Comunichiamo

誰かを誘ってみよう
Invitiamo qualcuno.

Vieni al cinema con me?

Buona idea!

Viene al ristorante con noi?

Sì, volentieri!

じっくり見てみよう 1
Osserviamo

動詞 venire（来る）の活用

io	vengo	noi	veniamo
tu	vieni	voi	venite
lui/lei/Lei	viene	loro	vengono

会話をしてみよう 2
Comunichiamo

誘いを断ってみよう
Rifiutiamo un invito.

Vieni in pizzeria con noi?

Mi dispiace, ma non posso, devo lavorare.

Viene al concerto domani sera?

*già 既に
**impegno 用事

Vorrei venire ma non posso. Ho già* un impegno**.

せっかく誘われたのに行けない場合はこんな表現が便利です。
Peccato! 残念！
La prossima volta! また次の機会に！

じっくり見てみよう 2
Osserviamo

動詞 potere（〜ができる、〜してもよい）の活用

io	posso	noi	possiamo
tu	puoi	voi	potete
lui/lei/Lei	può	loro	possono

会話をしてみよう 3
Comunichiamo

何かを勧めてみよう
Offriamo qualcosa.

Vuoi qualcosa* da bere?

Sì. Un succo di frutta**, grazie.

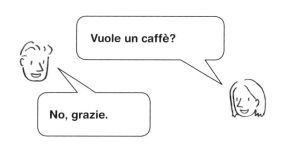

Vuole un caffè?

No, grazie.

*qualcosa 何か　**succo di frutta フルーツジュース

じっくり見てみよう 3 / Osserviamo

動詞 volere（〜が欲しい、〜がしたい）の活用

io	**voglio***	noi	**vogliamo**
tu	**vuoi**	voi	**volete**
lui/lei/Lei	**vuole**	loro	**vogliono**

＊1人称単数は条件法 vorrei を使う方が多い

ためしてみよう 2 / Proviamo

以下の場所やイベントに誘ってみよう（相手は○＝応じる、×＝カッコの中を理由に断る）Invita un compagno a fare una di queste cose. L'altra persona deve accettare o rifiutare in base ai disegni.

ES **Andiamo in pizzeria? / Vuoi venire in pizzeria con noi? —Volentieri!**

ES
○

①
○

②
×（**studiare**）

③
×（**avere un altro appuntamento**）

④
○

⑤
×（**finire un lavoro**）

書いてみよう / Scriviamo

以下のフレーズを posso（〜してもいいですか？）か puoi/può（〜してもらえる・もらえますか？）のどれかを使って完成させよう Completa le frasi con posso o puoi/può.

ES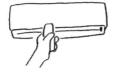
<u>Puoi / Può</u> accendere l'aria condizionata?

①
_____ usare il computer?

②
_____ ripetere?

③
_____ chiamare un taxi?

④
_____ pagare con la carta di credito?

⑤
_____ avere un bicchiere di vino?

確認しよう
Fissiamo

何かを提案してみよう ⇨ **明日コンサートがあるけど行かない？**

誘ってみよう ① ⇨ **わたしたちとバールへ行かない？**

誘いに応じてみよう ⇨ **はい、喜んで。**

誘ってみよう ②（敬語で）⇨ **わたしたちとピザ屋へ行きませんか？**

誘いを断ってみよう ⇨ **残念ですが行けません、仕事をしなくてはいけないんです。**

何かを勧めてみよう ① ⇨ **コーヒーでも飲む？**

何かを勧めてみよう ②（敬語で）⇨ **何か飲み物はいかがですか？**

Unità 13

先週末のできごと：Il fine settimana

過去の出来事について話す
Parlare di avvenimenti passati

> Sabato ho lavorato, domenica, invece, ho incontrato un'amica e poi ho pranzato con lei al ristorante.

*incontrare 会う、待ち合わせする

じっくり見てみよう 1 / Osserviamo

avere を使った近過去の活用　動詞 lavorare

io	ho lavorato	noi	abbiamo lavorato
tu	hai lavorato	voi	avete lavorato
lui/lei/Lei	ha lavorato	loro	hanno lavorato

* verbi in -are > ho ~**ato**　verbi in -ere > ho ~**uto**　verbi in -ire > ho ~**ito**

ためしてみよう 1 / Proviamo

イラストの表現を近過去形にしてみよう
Scrivi i verbi al passato.

(chiacchierare)
Ho chiacchierato
con gli amici

①

(guardare)
＿＿＿＿＿
la TV

②

(giocare)
＿＿＿＿＿
a calcio

③

(visitare)
＿＿＿＿＿
una mostra

④

(cucinare)
＿＿＿＿＿
il minestrone

⑤

(avere)
＿＿＿＿＿
lezione

⑥

(dormire)
＿＿＿＿＿
fino a tardi

⑦

(pulire)
＿＿＿＿＿
la casa

会話をしてみよう 1 — Comunichiamo

週末をどう過ごしたか話そう
Parliamo del fine settimana.

- Che cosa hai fatto* il fine settimana?
- Sabato ho avuto lezione e domenica, invece, ho giocato a tennis con gli amici.

- Che cosa ha fatto il fine settimana?
- Sabato ho visitato una mostra e domenica ho pulito la casa.

*fatto < fare

ためしてみよう 2 — Proviamo

以下の不規則な過去分詞を使って、下線部に近過去を、（ ）の中に動詞の原形を書いてみよう　Completa con i participi passati irregolari e scrivi il verbo all'infinito come nell'esempio.

| messo - ~~fatto~~ - bevuto - visto - letto - preso |

ES
<u>Ho</u> <u>fatto</u> spese (fare)

①
___ ___ gli amici ( )

②
___ ___ un cappuccino al bar ( )

③
___ ___ con le amiche ( )

④
___ ___ in ordine ( )

⑤
___ ___ un libro ( )

会話をしてみよう 2 — Comunichiamo

行った場所について話そう
Parliamo di dove siamo stati.

- Dove sei andata durante* le vacanze?
- Sono stata** a Roma. E tu dove sei stato?
- Io sono andato in Sicilia.

- Dov'è andato durante le vacanze?
- Sono stato in montagna. E Lei dov'è andata?
- Io sono stata al mare.

*durante 〜の間に　**stato/stata < 動詞 essere と stare の過去分詞

じっくり見てみよう 2
Osserviamo

essere を使った近過去の活用　動詞 andare

io	sono andato/andata	noi	siamo andati/andate
tu	sei andato/andata	voi	siete andati/andate
lui	è andato		
lei	è andata	loro	sono andati/andate
Lei	è andato/andata		

ieri 昨日　stamattina 今朝
la settimana scorsa 先週
il mese scorso 先月
l'anno scorso 去年

* verbi in -are > ho ~**ato**　verbi in -ere> ho ~**uto**　verbi in -ire > ho ~**ito**

話してみよう 1
Parliamo

イラストの表現を使って質問してみよう
Fai delle domande al tuo compagno.

ES　Hai/Ha cucinato ieri sera? —Sì, ho cucinato. / No, non ho cucinato.
　　Sei/È stato/stata all'università ieri?
　　　—Sì, sono stato/stata all'università. / No, non sono stato/stata all'università.

①
fare colazione / stamattina

②
passare l'aspirapolvere / ieri

③
leggere il giornale / stamattina

④
andare al ristorante / domenica

⑤
uscire con gli amici / sabato

⑥
tornare a casa tardi / ieri sera

話してみよう 2
Parliamo

イラストの表現を使って会話してみよう
Guarda i disegni e parla con un compagno.

ES　—Come hai/ha passato il fine settimana?
　　—Domenica sono andato al parco e ho fatto una passeggiata.

ES
~~domenica / al parco / una passeggiata~~

①
sabato / in biblioteca / studiare

②
domenica / ai grandi magazzini* / fare spese

③
domenica / a casa / un libro

④
sabato / al cinema / un film

⑤
sabato / al ristorante / mangiare una pizza

* grandi magazzini デパート

確認しよう
Fissiamo

先週末何をしたか話してみよう ⇨ **土曜日はテレビを見て、日曜は買い物をしました。**

先週末何をしたか尋ねてみよう① ⇨ **週末は何をしたの？**

先週末何をしたか尋ねてみよう②（敬語で） ⇨ **週末は何をしましたか？**

休みにどこへ行ったか尋ねてみよう①（女性に） ⇨ **休みの間はどこへ行ったの？**

休みにどこへ行ったか尋ねてみよう②（男性に、敬語で） ⇨ **休みの間はどこに行きましたか？**

何かをしたか尋ねてみよう ⇨ **今朝は朝食を食べたの？**

何をしたか話してみよう ⇨ **日曜日はレストランに行ってラザニアを食べました。**

Unità 14 — 印象やコメントを伝える：Impressioni e commenti

自分の印象や感想を伝える
Raccontare le proprie impressioni, esprimere giudizi e gradimento

Ieri sono andata al ristorante.
Era buono e non era caro.

*caro 高い

じっくり見てみよう 1 / Osserviamo

動詞 essere の半過去の活用

io	ero	noi	eravamo
tu	eri	voi	eravate
lui/lei/Lei	era	loro	erano

ためしてみよう 1 / Proviamo

イラストの下に最も適切な形容詞を書き込んでみよう
Scrivi sotto il disegno gli aggettivi più adatti.

> interessante - accogliente - simpatico - salato - gentile - vivace - noioso - buono - divertente - bravo - rumoroso - piccante - tranquillo - bello - squisito - allegro

una città
_____
_____
_____

un film / un libro
_____
_____
_____

una persona
_____
_____
_____

un piatto
_____
_____
_____

会話をしてみよう 1
Comunichiamo

何かの印象を伝えよう
Raccontiamo le nostre impressioni.

- Come era la mostra?
- Era molto interessante!

- Come erano gli spaghetti?
- Erano squisiti!

会話をしてみよう 2
Comunichiamo

何かについて感想を求めてみよう／伝えてみよう
Esprimiamo gradimento e/o giudizi.

- Ti è piaciuto il film?
- No, non mi è piaciuto. Era un po' noioso.

- Le sono piaciuti i quadri?
- Sì, mi sono piaciuti. Erano bellissimi.

じっくり見てみよう 2
Osserviamo

動詞 piacere の近過去の活用

Mi / Ti / Le	è	piaciuto	il libro
		piaciuta	la mostra
	sono	piaciuti	gli spaghetti
		piaciute	le canzoni

話してみよう
Parliamo

イラストの表現を使って質問してみよう
Fai delle domande al tuo compagno.

splendido 素晴らしい
fantastico 最高
stupendo 見事な
programma 番組

ES —Ti/Le è piaciuto il concerto? —Sì, mi è piaciuto. Era splendido.

~~○ il concerto / splendido~~

①
○ i regali / fantastico

②
× le lasagne / salato

③
○ le città italiane / stupendo

④
× il programma / noioso

⑤
○ la festa / divertente

会話をしてみよう3
Comunichiamo

過去の出来事について感想を聞いてみよう／伝えてみよう
Informiamoci su eventi passati e commentiamo.

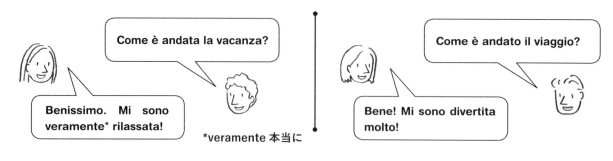

- Come è andata la vacanza?
- Benissimo. Mi sono veramente* rilassata!
- *veramente 本当に
- Come è andato il viaggio?
- Bene! Mi sono divertita molto!

じっくり見てみよう3
Osserviamo

再帰動詞の近過去の活用　動詞 rilassarsi（リラックスする）

io	mi sono rilassato/rilassata	noi	ci siamo rilassati/rilassate
tu	ti sei rilassato/rilassata	voi	vi siete rilassati/rilassate
lui	si è rilassato		
lei	si è rilassata	loro	si sono rilassati/rilassate
Lei	si è rilassato/rilassata		

ためしてみよう2
Proviamo

近過去の1人称に活用して、当てはまるイラストの下に書いてみよう
Completa come nell'esempio.

> arrabbiarsi - ~~stancarsi~~ - divertirsi - ubriacarsi - annoiarsi - commuoversi (> commosso/a)

ES 　① 　②

mi sono stancato

③ 　④ 　⑤

確認しよう
Fissiamo

自分の印象を伝えてみよう ⇨ **あのレストランは美味しかった。**

　　_____

印象を尋ねてみよう ⇨ **映画はどうだった？**

　　_____ ?

感想を尋ねてみよう① ⇨ **本は気に入った？**

　　_____ ?

感想を尋ねてみよう②（敬語で）⇨ **展覧会は気に入りましたか？**

　　_____ ?

自分の感想を伝えてみよう ⇨ **スパゲッティは気に入りました。おいしかったです。**

　　_____

何か気に入らなかったことを伝えてみよう ⇨ **映画は気に入らなかったです。つまらなかったです。**

　　_____

過去の出来事についての感想を伝えてみよう（男性の場合）⇨ **楽しかったです。**

　　_____

Unità 15 食料品を買おう：Facciamo un po' di spesa

食料品を買う、レシピを伝える
Fare la spesa, spiegare una ricetta

Buongiorno, vorrei dei funghi porcini.

じっくり見てみよう1 / Osserviamo

部分冠詞　di ＋定冠詞

di + il > **del** pane	di + i > **dei** ravioli
di + la > **della** pasta / **dell'**acqua	di + le > **delle** fettuccine
di + lo > **dello** zucchero / **dell'**olio	di + gli > **degli** spinaci

ためしてみよう1 / Proviamo

部分冠詞を付けて、当てはまるイラストの下に書いてみよう
Completa come nell'esempio.

il prosciutto - le arance - gli zucchini / le zucchine - ~~il pane~~ - l'uva - i pomodori - l'olio di oliva - il formaggio - il riso - le melanzane

ES  ① ② ③ ④

del pane

⑤ ⑥ ⑦ ⑧ ⑨

会話をしてみよう1 / Comunichiamo

食料品を買おう
Facciamo la spesa.

*ne その〜の　**etto = 100g

- Vorrei dell'insalata.
- Quanta ne* vuole?
- Un chilo, per favore.

- Vorrei del prosciutto.
- Quanto ne vuole?
- Due etti**, per favore.

ためしてみよう 2
Proviamo

食料品と単位を組み合わせてみよう
Collega gli alimenti con le misure e i contentori.

 una scatoletta di tonno    un vasetto di pesto

---
una confezione - un etto - una lattina - un pacco - una bottiglia - un chilo
---

① _____ di patate   ② _____ di vino   ③ _____ di biscotti

④ _____ di salame   ⑤ _____ di spaghetti   ⑥ _____ di birra

話してみよう 1
Parliamo

買い物リストをもとに会話をしてみよう
Guarda la lista della spesa e fai dei dialoghi.

🔘 89

ES
—Vorrei del salame.
—Quanto ne vuole?
—Due etti, per favore. E poi una confezione di biscotti.
—Altro?
—No, basta così.

食料品店で A chi tocca?「次のお客様は？（誰の順番ですか？）」（＜動詞 toccare a ～の順番である）と聞かれたら Tocca a me.「わたしの番です」と答えます。

ES
☐ salame 2
☐ biscotti 1

①
☐ patate 1
☐ tonno 2

②
☐ birra 2
☐ spaghetti 3

会話をしてみよう 2
Comunichiamo

買い物を確認しよう
Controlliamo gli acquisti fatti.

🔘 90

Hai comprato **lo yogurt**?
Sì, **l'ho comprato**.

Hai preso **la birra**?
No, non **l'ho presa**.

じっくり見てみよう 2
Osserviamo

avere を使った近過去 + 直接目的語代名詞 lo・la・li・le

| Hai/Ha letto il giornale? —Sì, l'ho lett**o**. | Hai/Ha preso i biglietti? —Sì, li ho pres**i**. |
| Hai/Ha comprato la pasta? —Sì, l'ho comprat**a**. | Hai/Ha provato le scarpe? —Sì, le ho provat**e**. |

話してみよう 2
Parliamo

買い物リストを見て会話をしてみよう
Guarda la lista della spesa e fai delle domande al tuo compagno.

ES —Hai/Ha comprato/preso il tonno? — No, non l'ho comprato/preso.

Lista della spesa
- ☑ insalata ☐ tonno ☐ melanzane ☑ pane
- ☐ riso ☐ patate ☑ peperoni ☑ banane
- ☐ uva ☑ farina ☑ spaghetti ☐ biscotti

じっくり見てみよう 3
Osserviamo

命令法

	are 動詞 （scusare 許す）	ere 動詞 （vedere 見る）	ire 動詞 （sentire 聞く）
tu	scusa	vedi	senti
Lei	scusi	veda	senta

書いてみよう
Scriviamo

（　）の動詞を tu で命令形に活用してカルボナーラのレシピを完成させよう
Completa la ricetta.

① (Tagliare) _Taglia_ il guanciale (o la pancetta).

② (Soffriggere) _____ il guanciale.

③ (Mescolare) _____ le uova, il pecorino e il pepe.

④ (Cuocere) _____ gli spaghetti al dente.

⑤ (Scolare) _____ la pasta.
(Versare) _____ gli spaghetti nella padella.

⑥ (Aggiungere) _____ le uova e il pecorino e (mescolare) _____ .

確認しよう
Fissiamo

食料品を買ってみよう ① ⇨ **ポルチーニ茸が欲しいんですが。**

食料品を買ってみよう ② ⇨ **バジルソースをひと瓶欲しいんですが。**

食料品を買ってみよう ③ ⇨ **チーズを200g欲しいんですが。**

何かを買ったかどうか確認してみよう ⇨ **スパゲッティは買ったの？**

買ったかどうかに対して答えてみよう ① ⇨ **はい、（それを）買いました。**

買ったかどうかに対して答えてみよう ② ⇨ **いいえ、（それを）買ってません。**

お店の人の注意を引いてみよう ⇨ **あの、すみません！（直訳：許してください）**

単語リスト

動：動詞　　形：形容詞　　名：名詞　　前：前置詞　　接：接続詞　　副：副詞　　数：数詞　　疑：疑問詞　　代：代名詞
複：複数形　　過分：過去分詞　　数字は最初に出てきた Unità

A

a 前 5
a che ora 8
abitare 動 5
accendere 動 12
accogliente 形 14
acqua 名 15
aereo 名 8
affettato 名 9
aggiungere 動 15
alle 8
allegro 形 14
allora 接 3
altro 形 12
alzarsi 動 10
americano 形名 2
amico 名 3
anche 副 2
andare 動 7
anno 名 4
annoiarsi 動 14
antipasto 名 9
aperitivo 名 3
appuntamento 名 12
aprire 動 8
arancia 名 1
aria condizionata 12
arrabbiarsi 動 14
arrabbiato 形 4
arrivare 動 8
ascoltare 動 6
aspirapolvere 名 13
astuccio 名 1
attraversare 動 8
autobus 名 8
avere 動 4

B

bagno 名 1
banca 名 5
bancomat 名 8
bar 名 10
bastare 動 15
bellissimo 形 14
bello 形 11
bene 副 2
benissimo 副 2
bere 動 7
bevuto 過分 13
biblioteca 名 7
bicchiere 名 3
biglietto 名 15
birra 名 3
biscotto 名 15
bistecca 名 9
borsa 名 1
bottiglia 名 1
bravo 形 14
bruschetta 名 9
buonasera 9
buongiorno 1
buono 形 14

C

c'è 8
caffè 名 3
calcio 名 6
camicia 名 11
cantare 動 5
canzone 名 11
cappotto 名 11
cappuccino 名 3
carne 名 9
caro 形 14
carta di credito 12
cartoccio 名 9
casa 名 1
cellulare 名 1
cena 名 1
cenare 動 10
cento 数 4
certo 形副 11

che 疑 4
che cosa 疑 4
chiacchierare 動 13
chiamare 動 12
chiave 名 1
chilo 名 15
chiudere 動 8
ci 副 12
ciao 1
cinema 名 7
cinese 形名 2
cinquanta 数 4
cinque 数 2
città 名 3
colazione 名 10
collega 名 10
come 疑 1
come sta 2
come stai 2
commesso 名 4
commuoversi 動 14
compito 名 11
comprare 動 15
computer 名 12
con 前 7
concerto 名 12
confezione 名 15
contento 形 4
contorno 名 9
cornetto 名 3
corto 形 11
così 副 15
così così 2
cotoletta 名 9
cucinare 動 5
cuocere 動 15
cuoco 名 4

D

da 前 12
davanti 前 8

dente 名 10
dentista 名 4
destra 名 8
di 前 2
diciannove 数 3
diciassette 数 3
diciotto 数 3
dieci 数 2
divertente 形 14
divertirsi 動 14
dodici 数 3
dolce 名 9
domani 副 12
domenica 名 7
dopo 前 10
dormire 動 10
dove 疑 2
dovere 動 7
dritto 副 8
due 数 2
dunque 接 8
durante 前 13

E
e 接 2
ecco 副 3
elegante 形 11
essere 動 2
età 名 4
etto 名 15
euro 名 3

F
fame 名 4
famiglia 名 5
fantastico 形 14
fare 動 4
farina 名 15
farmacia 名 8
fatto 過分 13
festa 名 12
fettuccine 名複 15
figlio 名 5
film 名 13
fine settimana 7
finire 動 10
fino 副 10

fiore 名 11
fiorentino 形 9
formaggio 名 15
forno 名 9
forse 副 7
francese 形名 2
fritto 名 9
frutta 名 12
funghi porcini 9
fungo 名 6
fuochi d'artificio 12

G
gatto 名 1
gelato 名 1
gentile 形 14
già 副 12
giacca 名 11
giapponese 形名 2
giocare 動 7
giornale 名 13
giornata 名 10
giovedì 名 7
girare 動 8
gomma 名 1
gonna 名 11
grandi magazzini 13
grazie 2
guanciale 名 15
guardare 動 6
guidare 動 5

H
hobby 名 6

I
idea 名 12
ieri 副 13
impegno 名 12
impiegato 名 4
in 前 1
incontrare 動 13
incrocio 名 8
inglese 形名 2
insalata 名 9
insegnante 名 4
insomma 副 2

interessante 形 14
internet 名 7
invece 副 3
io 代 2
italiano 形名 1

J
jazz 名 6

L
largo 形 11
lasagne 名複 1
lattina 名 15
lavagna 名 1
lavarsi 動 10
lavorare 動 5
lavoro 名 4
leggere 動 6
lei 代 2
Lei 代 1
letto 名 13
lezione 名 13
libero 形 6
libro 名 1
linguine 名複 9
loro 代 2
lui 代 2
lunedì 名 7
lungo 形 11

M
ma 接 10
macchina 名 5
madre 名 5
maglietta 名 11
maglione 名 11
mai 副 6
mangiare 動 7
mare 名 7
margherita 名 1
marito 名 5
martedì 名 7
mattina 名 10
me 代 3
medico 名 4
melanzana 名 15
mensa 名 10

mentre 接 10
menù 名 9
mercoledì 名 7
mescolare 動 15
messo 過分 13
mettere 動 7
mezzanotte 名 8
mezzo 形名 8
mezzogiorno 名 8
mi chiamo 1
mi dispiace 12
mi piacciono 6
mi piace 6
milanese 形 9
minestrone 名 13
mio 形 5
misto 形 9
moda 名 6
molto 副 3
montagna 名 7
mostra 名 12
museo 名 7
musica 名 6

N

navigare 動 7
ne 代 15
negozio 名 5
no 副 2
noi 代 2
noioso 形 14
nome 名 4
non 副 4
non c'è male 2
novanta 数 4
nove 数 2

O

o 接 9
olio 名 15
oliva 名 3
ora 名 8
ordine 名 7
orologio 名 1
ottanta 数 4
otto 数 2

P

pacco 名 15
padella 名 15
padre 名 5
pagare 動 12
palestra 名 7
pancetta 名 15
pane 名 15
panino 名 3
pantaloni 名複 11
parco 名 7
partire 動 8
partita 名 12
passare 動 7
passeggiata 名 7
passione 名 6
pasta 名 3
patata 名 9
pecorino 名 15
penna 名 1
pepe 名 15
per 前 3
per esempio 10
per favore 3
pesce 名 1
pesto 名 15
piacciono 6
piace 6
piacere 1
pianoforte 名 5
piccante 形 14
picnic 名 12
pizza 名 3
pizzeria 名 12
poi 副 10
pois 名 11
pomodoro 名 9
portafoglio 名 1
posso 11
posto 名 5
potere 動 12
pranzare 動 10
preferire 動 9
prendere 動 9
preparare 動 10
preso 過分 13
primo 名 9

professione 名 4
programma 名 14
prosciutto 名 15
prossimo 形 8
provare 動 11
pulire 動 13

Q

quaderno 名 1
quadro 名 11
qualche volta 6
qualcosa 代 12
quant'è 3
quanto 疑 4
quaranta 数 4
quarto 名 8
quattordici 数 3
quattro 数 2
questo 代 2
qui 副 8
quindici 数 3

R

ravioli 名複 9
regalo 名 14
residenza 名 5
riga 名 11
rilassarsi 動 14
ripetere 動 12
riposarsi 動 10
riso 名 15
risotto 名 9
ristorante 名 5
rumoroso 形 14

S

sabato 名 7
salame 名 15
salato 形 14
saldi 名複 12
salmone 名 9
scarpe 名複 11
scatoletta 名 15
sciarpa 名 1
scolare 動 15
scuola 名 5
scusa 8

scusare 動 15	stazione 名 7	undici 数 3
scusi 8	stirare 動 5	università 名 5
secondo 名 9	stivali 名複 11	uno 数 2
sedici 数 3	sto male 2	uova 名 15
sei 数 2	stretto 形 11	usare 動 12
semaforo 名 8	studente 名 3	uscire 動 10
sentire 動 15	studentessa 名 4	uva 名 15
sera 名 10	studiare 動 5	
sessanta 数 4	stupendo 形 14	**V**
sete 名 4	su 前 7	vacanze 名複 13
settanta 数 4	succo 名 12	valigia 名 1
sette 数 2	suo 形 5	vasetto 名 15
settimana 名 7	Suo 形 15	vedere 動 6
sì 副 2	suonare 動 5	venerdì 名 7
si chiama 1	supermercato 名 8	venire 動 12
si dice 1		venti 数 3
si scrive 1	**T**	veramente 副 14
signor 名 2	tagliare 動 15	versare 動 15
simpatico 形 14	tardi 副 13	vestito 名 11
sinistra 名 8	taxi 名 12	vetrina 名 11
soffriggere 動 15	tè 名 3	viaggio 名 14
solito 名 10	teatro 名 7	vicino 副形 8
sonno 名 4	tempo 名 6	vino 名 3
sorella 名 5	tennis 名 7	visitare 動 7
spaghetti 名複 6	ti 代 6	visto 過分 13
spaghetti alla carbonara 9	ti chiami 1	vivace 形 14
	tiramisù 名 9	voi 代 2
spagnolo 形名 2	tonno 名 15	volentieri 副 12
spesa 名 5	tornare 動 10	volere 動 12
spesso 副 6	tramezzino 名 3	vongola 名 9
spinacio 名 15	tranquillo 形 14	vorrei 3
splendido 形 14	tre 数 2	
sport 名 6	tredici 数 3	**Y**
sportivo 形 11	treno 名 8	yoga 名 6
spremuta 名 3	trenta 数 4	yogurt 名 15
spumante 名 3	tu 代 2	
squisito 形 14	tuo 形 5	**Z**
stadio 名 7	TV 名 6	zaino 名 1
stamattina 副 13		zero 数 2
stancarsi 動 14	**U**	zucchero 名 15
stanco 形 4	ubriacarsi 動 14	zucchino/a 名 15
stare 動 10	ufficio 名 10	

付録　Appendice

● 便利な表現　Espressioni utili

（誕生日やクリスマスなどで）おめでとう　Auguri
（仕事や私生活での出来事に対して）おめでとう　Congratulazioni
どうぞ、どういたしまして　Prego
乾杯！　Salute!
良い一日／夕方を過ごしてください　Buona giornata/serata!
さよなら、また会いましょう　Arrivederci / Ci vediamo

● 気象に関する表現　Parlare del tempo

天気はどう？　Che tempo fa?　　天気が良い／悪い。Fa bel / brutto tempo.
寒い／暑い。Fa freddo / caldo.　　雨が降ってる。Piove.　　雪が降ってる。Nevica.
曇ってる／晴れてる／湿気がある。È nuvoloso / sereno / umido.
太陽が出ている／風が吹く／雷雨だ。C'è il sole / vento / temporale.

● 四季　Le stagioni

春　la primavera　　夏　l'estate　　秋　l'autunno　　冬　l'inverno

ES　In estate vado al mare.　夏は海に行きます。

● 月　I mesi

1月	gennaio	2月	febbraio	3月	marzo	4月	aprile
5月	maggio	6月	giugno	7月	luglio	8月	agosto
9月	settembre	10月	ottobre	11月	novembre	12月	dicembre

ES　2月1日 il primo febbraio　　9月8日 l'8 (otto) settembre　　5月5日 il 5 (cinque) maggio

● 方位　I punti cardinali

北　nord　　南　sud　　東　est　　西　ovest

● 101以上の数詞　I numeri da 101

101	centouno	30.000	trentamila
200	duecento	100.000	centomila
400	quattrocento	500.000	cinquecentomila
1000	mille	1.000.000	un milione
2000	duemila	2.000.000	due milioni
10.000	diecimila	10.000.000	dieci milioni

● 序数　I numeri ordinali

1°	primo	2°	secondo	3°	terzo	4°	quarto	5°	quinto
6°	sesto	7°	settimo	8°	ottavo	9°	nono	10°	decimo
11°	undicesimo	20°	ventesimo	21°	ventunesimo	50°	cinquantesimo		

著者紹介
鈴木マリア（すずき・まりあ）
　千葉大学、早稲田大学非常勤講師

アッローラ（CD付）

2018年3月10日	第1刷発行
2024年3月20日	第5刷発行

著　者© 鈴木マリア
発行者　岩堀雅己
印刷所　株式会社三秀舎

101-0052 東京都千代田区神田小川町3の24
発行所　電話 03-3291-7811（営業部），7821（編集部）　株式会社 白水社
　　　　www.hakusuisha.co.jp
　　　　乱丁・落丁本は、送料小社負担にてお取り替えいたします。

振替 00190-5-33228　　Printed in Japan　　株式会社島崎製本

ISBN978-4-560-01766-1

▷本書のスキャン、デジタル化等の無断複製は著作権法上での例外を除き禁じられています。本書を代行業者等の第三者に依頼してスキャンやデジタル化することはたとえ個人や家庭内での利用であっても著作権法上認められていません。

イタリア語学習辞典の決定版！
プリーモ伊和辞典 和伊付

秋山余思 監修
高田和文／白崎容子／岡田由美子／秋山美津子／
マリーサ・ディ・ルッソ／カルラ・フォルミサーノ 編

◎見やすいランク別2色刷　◎全見出しカナ発音付，アクセントをゴチック表示　◎重要動詞には現在形を表示
◎充実した和伊語彙集　◎語数：伊和 33000 ＋ 和伊 8000
◎発音表記：カタカナ＋発音記号（重要語）

(2色刷) B6変型　1487頁　定価5500円（本体5000円）【シングルCD付】

入門・初級文法

イタリア語のしくみ《新版》
野里紳一郎 著
B6変型 146頁 定価1540円（本体1400円）

わたしのイタリア語 32のフレーズでこんなに伝わる
大上順一 著　　　　　　　　　　（2色刷）
A5判 159頁 定価1870円（本体1700円）【CD付】

ニューエクスプレスプラス　イタリア語
入江たまよ 著　　　　　　　　　　（2色刷）
A5判 160頁 定価2090円（本体1900円）【CD付】

イタリア語のルール 基本文法総まとめ
森田 学 著
B6判 145頁 定価1870円（本体1700円）

イタリア語のABC（改訂版）
長神 悟 著　　　　　　　　　　（2色刷）
A5判 273頁 定価3080価円（本体2800円）【CD付】

初～中級

イタリア語で読む ITALIA
堂浦律子／アレッサンドロ・マヴィリオ 著
A5判 175頁 定価2970円（本体2700円）

現代イタリア文法（新装版）
坂本鉄男 著
A5判 420頁 定価4620円（本体4200円）

慣用句

よく使うイタリア語の慣用句1100
竹下 ルッジェリ・アンナ／秋山美野 著
四六判 200頁 定価3080円（本体2800円）

読解

イタリア語の世界を読む
森田 学／宮下千佐子 著
A5判 188頁 定価3080円（本体2800円）

問題集

イタリア語練習問題集（新装版）
M・D・ルッソ他 著　　　　　　【CD2枚付】
四六判 259頁 定価2640円（本体2400円）

イタリア語のドリル 基礎力養成問題集
森田 学 著
B6判 131頁 定価1870円（本体1700円）

イタリア語文法3段階式徹底ドリル
堂浦律子 著　　　　　　　　　［増補改訂版］
A5判 217頁 定価2750円（本体2500円）

会話・Eメール

留学とホームステイのイタリア語
花本知子 著　　　　　　　　　　　　【CD付】
四六判 175頁 定価2530円（本体2300円）

Eメールのイタリア語
竹下 ルッジェリ・アンナ／堂浦律子 著
A5判 190頁 定価2420円（本体2200円）

動詞活用

イタリア語動詞活用表
西本晃二／斎藤 憲 著
B小型 156頁 定価1980円（本体1800円）

単語集

イタリア基本単語集（新装版）
秋山余思 編　　　　　　　　　　（2色刷）
B小型 243頁 定価2530円（本体2300円）※別売CD有り

出題形式別 イタリア語検定4級5級頻出単語集
畷 絵里 著　　　　　　　　　　　　【CD付】
四六判 230頁 定価2310円（本体2100円）

重版にあたり，価格が変更になることがありますので，ご了承ください．